JN410514

숲으로 돌아가는 마네킹

조용환 시집

문학의전당 시인선
164

숲으로 돌아가는 마네킹

조용환 시집

문학의전당

시인의 말

이별이야말로
가장 큰 사랑

안개는 술꾼
눈물은 기도

그리고
휘파람소리
英
來
……

비탈이지만
그래도
살아야 한다

2013년 9월
白鵝山 下
소용원

차례

제2부

제1부

기차의 시간

기차는 하루에 세 번
머무네
긴 숲을 에돌아
허공을 굽이치네

기차는 하루에 세 번
떠나네
오래된 편지를 읽으며
느릿느릿 떠나네

타고 내리는 사람 없네
풍경은 놓친 것 하나 없네
나 혼자
손을 들었다 내리네

기타부기

내 기타는 하늘과 땅을 오가는 노래,
물방울처럼 통통 환상을 건너지만
서툴러도 열정적인 눈빛으로 한 가지만 울리네
골목길을 돌아가는 당신의 오디세이를 들었다면
기차는 연착 중이고 목책에 걸터앉아
커피 향을 마시며 초원을 꿈꿀 것이지만
내 노래는 울퉁불퉁하고 불편해도 잠든 당신의
숨소리를 간직하지 그러나 들을 수 없는 음악,
바람처럼 사무치면서 햇살처럼 번져가는
내 목소리를 당신은 언제든 어디서든 듣게 되겠지만
달나라도 가고 넥타이를 풀고 신발을 벗고
풀을 뜯고 구름을 따라 흐르겠지만
어느 순간에도 변치 않는 개울물 흐르는
뒷동산을 찌릉찌릉 달리는 세발자전거
가슴 뛰는 첫사랑은 더듬거리지만
산맥을 넘어 질주하는 노래,
기타부기는 서툴러도 신발 끈을 바짝 조이네
목마른 당신의 멜로디는 공중에 흩어져도

내 기타는 다만 눈빛의 존재
랄랄라 무엇을 위해 기타부기는 떠도는지
그러나 이해를 구할 필요는 없다네
누구에게나 풀리지 않는 수수께끼는 있어서
술과 함께 적막해지는 푸른 밤이 있다네

현대적 교량

— 金洙暎을 빌려

저 다리를 건너지 말아야 했다
벌판에 나가 코끼리를 길러야 했다
층계는 어떻게든 논리에 안 맞았다
결정적으로 목이 말랐다

모든 정황은 단도직입이어서 변증이 불가능했다
난간 아래를 내려다보며 어지럼증에 시달렸다
멀리서 기차가 달려가고 기적(汽笛)은
회고적이지도 혁명적이지도 않은 희망을 무찔러갔다
난간을 내려다보면서 되물었다 이해할 수 없는
구조, 그 특징 때문에 몇 번인가
추락과 증발에 대해 골몰했다

서툰 기타로는 방랑이 불가능했다
장면 전환이 계속되었다 나는 고작
다리를 몇 번 왕복했을 뿐
등본과 초본이 바뀌었고 기억할 수 없는
대문들과 사투리와 버스 회선들,

무언가를 입증해야 하는 현대적인 다리였다
본의 아니게 여기, 갇힌 것이다
탈출을 결심했지만 구체적이며 조직적인
종소리, 정오의 화살처럼 등에 꽂히는 직관을
찾아 헤맸다 어쨌든 나의 희망은 정처 없었다
떠돌이 노을이지만 목마름 보다 처절했다

길가에 앉아 손톱을 깎는다

담배 연기를 피해 매콤달콤한 매연의 식민으로
스며드는 인류의 네거리에서 쥐죽은 듯
공손할 수밖에 없다 건널목에는 반역에 실패한
신호등이 몇 번 바뀌었고 유기된 견공들은 이제
두려움 없이 퇴폐를 향해 느린 걸음을 옮긴다
생각해보면 일탈이란 체제를 지키지 않는 것,
눈물 없이 빵을 꿀꺽 삼킨다는 거지
그러므로 씻지 않은 몸에선 방울소리가 들리고
프랜차이즈 당나귀의 근육은 더욱 단단해지는 거지
그렇지만 나는 언제부터 여기 묶여 살았던가
믿지 않기로 했지만 손가락을 젖꼭지를 발목을
쓰다듬어주고 싶다 자꾸만, 그래도 다행이지
핥아주지만 철퍽거리는 굽이굽이를 꽉 물고 있는
발톱을 아무리 잘라내도 몸무게는 줄지 않고
손톱을 아무리 잘라내도 인생은 무겁기만 하지
곧 장마가 닥치고 풀과 나뭇잎은 새로 자라고
번식을 위해 짝짓기를 하는 세렝게티의 맹수들처럼
새로 자란 이빨을 물어뜯는 거지 하지만

나는 왜 애증의 교차가 원활하지 않는가
더 이상 존재하지 않거나 영원히 존재하는
초승달 지역의 나그네는 말하리라
소금 기둥 반짝거리는 나무들은 손톱을 잃은
인간의 진화, 툭 잘린 진흙의 행방을 좇지만
나는 다시 원숭이가 되고 싶은 거지
퇴화한 나의 사랑, 잘 훈련된 이별의
네거리에서 물결소리를 듣는 거지
둥그런 무늬는 그렇게 태어나는 거지

고양이 요리를 하는 태양

차들은 빠져나갈 틈 없이 빽빽하다 부타타타 빠져나가는 폭주족들,
유리벽 너머 움츠러드는 허연 얼굴들, 눈동자들 완벽하게 닫혔다 핸들을 토닥거릴 뿐,

고작 몇 분 전이었다

고양이는 적당히 해체된 상태, 너무 빨리 지나쳤다
죽었는지 살았는지 눈은 감았는지 떴는지 기억나지 않는 생을 맛보는 혓바닥은 아직 따스한 생기를 가만히 내려놓고 있으리라
말하자면 한 줌에 불과한 것을 기억해내려는

모래 한 알도 무거웠을 것이다

고실고실한 고봉밥 같은 햇살이 푸짐한 한낮이었다
누군가 낙서를 하고 간대도 고명처럼 단정했으리라
뿌리 깊은 발톱은 오래된 도약을 꽉 물고 있으나 구름소

금에 뜨거운 농담으로 만든 갖은 양념에 잔뜩 버무려진 숨소리조차 은연한 것이어서

삼계(三界)가 두루 다녀간 현현처(玄玄處)가 마땅할 것이다

태양의 요리는 끝났다

기억할 필요 없는 얼룩 한 점이 남았을 뿐이다 고양이 꼬리를 반추(反芻)하는 동안 털은 흩날려

위대한 질주에 접신할 것이다

불과의 태양이었다

구름의 썸데이

이제라도 구름을 소유할 수는 없을까

지상에서의 마지막 정착지는 엘리베이터가 닿지 않는 곳
바람벽을 계산하고 새들의 이동 거리를 측량하는 동안
물컹한 습지를 유영하는 금붕어 떼가 나의 유일한 친구이다
가끔 놀러오는 새털구름을 향해 손을 뻗지만
이 미묘한 재료는 외투를 지을 수도, 종이비행기를 접을 수도 없다

수없이 구겨버린 사회과부도의 골목길을 통달하고 보니
나의 저작권의 목록은
나뭇잎과 검은 꽃과 구두소리와 옆구리로 흘러드는 비늘구름뿐
강물에게 통속에게 촛불에게 세를 놓고 고리대금업자처럼 뒷골목을 어슬렁거리면 안 될까

뭉게뭉게 꿈에 취한 듯 우체부가 지나가는 시간이 아

닌가?

물으면서 열쇠 꾸러미 같은 몸을 기우뚱,

흩트린다 고속도로처럼 빠르고 뒷동산처럼 왕성했던 식욕은 다 어디로 가버렸을까

나의 야생은 안개라도 잡아먹을 수 있는 포식자,

이제라도 구름식탁에 구름빵 구름찌개 구름의 어린 뇌를 파먹을 수는 없을까

그러나 나비 한 마리조차 부양할 수 없는 무능력자

바람을 잡아다가 회초리를 때릴 수도 없고

양떼구름을 천둥 번개를 금고에 보관할 수도 없고

놀빛 붉은 지붕을 복제할 수도 없는 엘리베이터가 닿지 않는 곳,

구름계단 건너 구름경전을 신화처럼 섬기면서

허공을 오래 건너다보면 몽글몽글 말랑말랑한

구름똥을 누게 되지만 협곡을 지나 평원을 지나

자우룩이 한 울타리인 바르한의 언덕을

금붕어는 지느러미를 쓸어 체크아웃 할 것이다

검은 손의 비밀

그대는 친밀함을 믿지 말라
손을 쥐었다 펴는 순진무구한 우정,
손 하나로 이루어진 집과 신발과
숨소리들 믿지 말라 깃털처럼 떨어지는
자비는 구릉을 짓고 흐르다가 굽이치지만
골목에서 썩어가는 나무 의자는
돌아오지 못할 여행을 경고한다
새로운 아침과 새들이 가져다줄
초록을 믿지 말라 신념은 학습으로 일군
야만의 습성일 뿐 그들은 완벽의 순례자들
완벽의 마을과 음식과 통제,
완벽의 건물과 법전과 도서관은
대지에 말뚝을 내리치고서 애완동물이 돼버린
취하지 않는 말들의 시간*을
그 잔등에 고요히 얹히는 손들은 지금
마술을 부린다 신출귀몰의
질서와 비둘기와 구유에 비치는
불꽃들의 무한한 영광, 그러나 믿지 말라

넘어야 할 산맥은 없다
건너야 할 꿀벌들의 겨울은 없다
우리가 나누는 납으로 된 악수와
미소는 막대기 하나의 길잡이였으며
땀으로 적신 양말에는 무한한 입맞춤과
가랑잎의 바람소리를 베풀어주었나니
그런 것들을 나는 향기라고 부르겠지만
그대의 동티 난 발에도 키스를?

---

*바흐만 고바디 감독의 「취한 말들을 위한 시간」을 변용함.

금지된 낭만

그는 마지막 로맨티시스트, 밑도 끝도 없는
로망으로 산다네 담배 내 절은 구설수들
들어는 봤나, 줄 끊어진 악기의
막장 기교로도 풀리지 않던 흑백의 숲,
꽃집이 어딘지 불 꺼진 세레나데는 모르지만
무책임한 나팔소리 고함소리처럼
놈팡이들의 풍찬노숙이었지만 금지된
낭만의 거리, 자로 잰 듯 정확한 구도와
대출받은 화해가 범람하는 너무나도 인간적인
배후 세력의 처마와 벌판과 촛불을 밝힌
저 언덕은 로망의 집, 니체를 훔친 손으로
바람의 여행을 꿈꾸면서 오, 아가씨!
늘씬한 종아리를 좋아해! 그런데 왜
노래가 어려울까, 제발 서툰 코미디에도
감동받아주길 간절히 기원하면서 노래하면서
진보적인 초대를 하노라 연인이여,
첫눈 첫 입맞춤 열렬한 첫, 속삭임을 듣는가
순정과 신파의 가로등이 켜지고 고양이가

허물어져가는 담장을 넘듯 가갸거겨
기차가 지나갈 시간의 왜가리들처럼
여울마다 성역이 있어서 숲과 마을은 은혜롭지만
어른으로 퇴화한 낭만은 금지되고
풀잎을 씹으면서 누군가는 저 회랑 너머로
빈 병을 던져버렸을 테지만 부서신 익기는
술 취한 골목의 로맨티시스트, 꽁초를 던지며
황야의 무법자처럼 휘파람을 날리네

웅성대합실

웅성웅성 흘러간다 빈 캔을 주무를 때마다
짜그락짜그락 비명을 지르며 버스가 흘러온다
늙은 사내가 하늘에 대고 컹컹 우짖는다
꼬리 달린 짐승처럼 어디로 갈지 모른다
대합실을 통섭하는 유리벽,

웅성웅성 흘러간다 흘러간다는 거
아득한 일이다 그림자와 함께 최대한 눕는다
눈을 감는 건 지겨운 하품 때문만은 아니다
비행접시가 휙, 지나간다

웅성웅성 흘러간다 늙은 사내가
길바닥에 철퍼덕 주저앉는다, 씨팔…좆됐어…그래…저녁에쐬주나한잔…킥킥…그년엉덩이?…이쁘지…하핫!꼴려…그래……
버럭버럭 고함을 질러 사람을
떠나보내는 모노드라마는

웅성웅성 흘러간다 바퀴는 자국을
남기지 않는다 단호하게 굴러간다
먼지로는 기록할 수 없는 내용들
늙은 사내는 한 곡조로만 우짖는데
아무도 듣지 않는다

향락적인 오후 한때

1.

출입 통제된 지 오래된 계단이었다 무궁을 찾아 지평선을 걸었다고 했다 이혼했지만 현빈(玄牝)은 잘 있을 거라며 걱정하지 않는다고 웃었다 국밥집에서 애간장을 녹인 슬픔으로 배를 채웠다 오랜만이군, 낡은 수첩을 꺼냈다 지워진 이름들이 화두처럼 움푹 파였다 연락처가 여러 번 바뀌었으므로 초본을 뗀 듯 바람 빠지는 소리가 울렸다 또 어디로 갈 거야? 공명이 한참 동안 창틈을 빠져나갔다 和光同塵의 오래된 길이었다

2.

메일과 몇 가지 단서를 빼면 무산계급이었다

비가 내리더니 갑자기 뜨거워졌다……

얼음산에 도착했다…눈물과 별이 가장 가까운 곳…전에 키웠

던 강아지가 생각났다 뭉클뭉클한 그 털, 간절해지니 지독한 냄새가 난다……

낡은 구두를 모시기로 했다…안경을 벗었다 다시 쓰는 동안…삼천갑자가 흘렀다…비에 쫄딱 젖은 나무 한 마리…마두금처럼 흘러 바다로 갈 것이다……

돛단배가 보이지 않는다……

메일과 몇 가지 상상을 빼면 행불이었다

3.

스카이라운지는 금연이었다 금강의 반지를 낀 두툼한 손가락에 놀랐다 여자는 비틀즈처럼 떠들었다 오르페우스는 아폴론에게서, 헤르메스에게서, 거북과 황소의 허기를 달래줄 악기를 만들어 전했다는 거문고座의 하늘을 본 적 있다 혀를 수술한 듯 초승달 자국이 선명했다 날아가는 애드벌룬 위의 비현실을 개괄하였다 몇 갈래의 쓰레기통을 지나쳐야 한다 되도록 비둘기를 신뢰해서는 안 된다는 충고, 독특한 맛이 나는 음료를 적시며 몸을 둥글게 말고 싶어졌다 몇 가지 비판을 빼면 눈부신 저녁이었다 대상을 객관화시키는 영험한 스카이라운지의 넓은 창, 항아리처럼 발효시키며 부풀어 오르는 뒷골목과 축축한 성욕이 출입 통제된 지 오래된 오후였다

금붕어는 돌아오지 않는다

그는 날마다 침투를 감행한다

수없이 많은 계단들 반듯하게 깎인 업무들 막강한 배후 그룹에 걸린 플래카드 더 이상 방황하지 말라는 표어들

오늘도 그는 무사하다 엘리베이터를 빠져나온다 눅눅하고 습한 겉치레들 의례적인 악수들

오로라 광고판 눈 질끈 감고 시나친다 딘단한 단추를 끄른다 바퀴는 로또 구슬처럼 뱅글뱅글

숨을 고른다 소화불량기로 불쾌하게 퍼지는 지하철 스마트폰의 전인적인 손가락들 주가 폭락을 알리는 숨찬 시그널

습관적인 타전 고기 굽는 냄새 황금의 벽들 폭발하는 전망들

똑똑똑 그리움의 반점들 기억나지 않는 고샅 모든 전원스위치를 켠다 리모컨은 관자놀이에 파박!

오늘 밤도 당나귀는 방울소리만 울린다

오후 네 시의 모닥불

여기,
머물렀다가 떠난다 오후였고 곧 저녁 빛이
내리면 나의 행려는 밤으로 갈 것이지만
다시는 이 자리에 돌아오지 못할 것이다
그리고 아무도 모닥불을 발견하지 못할 것이다
지금은 오후 네 시,
어느 새벽 창문을 뜯어 불을 피웠으며
타는 여명을 걸어왔으며 낭떠러지를 건넜으므로
산모롱이에 선 갈참나무의 전령일 수도 있다
모닥불은 붉고 내가 만난 부족들은 또 붉었다
어디로 가는 길이냐고 묻지 않았다
두 갈래 길에서 딱 한 번 점괘를 묻고서 버린
깨진 유리 조각을 교환했을 뿐이다
불길은 한갓되이 날아간다 마을의 개들이 떼로
짖어댈 때 나는 사방팔방으로 헤매 도는 이방인,
창공을 날아가는 연기는 오후 다섯 시,
그림자는 길게 드럼통을 넘어 들길이 되고
지리멸렬하게 우짖는 뻐꾸기 울음을 불태운다

활활 타오르는 울음으로 뒤꿈치의 굳은살을 깎는다
내가 돌아온 세상은 살들이 타는 시간이었으므로,
논길을 지나 탱자 울을 넘어
밥상이 되고 지붕을 넘어 먼 산이 되는 유랑이었으므로,
자정 넘어 여기 머물렀다 떠났을 뿐
다시 이 자리에 돌아올 수 없다 해도
또 다른 두 갈래 길,
사료 창고 김氏의 잔뼈가 굵은 술주정과
솥바닥 긁는 숟가락에 밥풀데기 별 또랑또랑 뜰 때
어느 오후의 모닥불은 어디로 갈 것인가,
한마디 물음도 없이 서로가 캄캄하게
저물어가는 동안,

一葉片舟

하필 영안실 깊은 그늘이다
빵과 우유를 먹던 사람
태평양을 건너온 바람은 그의 유일한 재산이다
거푸 흔들어대는 상자 조각의 바람으로
지친 눈을 겨우 뜨는 동안
저 눈이 건너왔을 파란을
잠시 내가 또 건너간다
—아쉽고 아픈 일이네
문상의 한마디
초저녁 별 하나
하얗게 쪼그라진 우유갑 한 점
그가 또 건너갔을 과꽃 몇 송이
물끄러미 건너다보는데
자꾸만 그 자리
내가 앉았다 떠난다
오래된 약속이었던가,
하얗게 고여 있었던 저 자리
다시 만나지 못할 사람의 자취가

그늘 깊은 것은
큰 강물이 흐르고 있다는 거다
푸르른 하늘을 거느리고 있다는 거다
내 눈을 빠져나가는
저 행려,

심야의 당구

평등은 애초부터 글러먹은 이념이었다
이 미끄러운 세계, 나의 잠은 항상
낮은 쪽으로 기울었다

나이스(nice) 큐(cue)!
거짓말의 정수리를 푹, 찔렀다
피 한 방울 안 나는 놈!
습기가 많은 공기를 탓하며
새들은 다 산호섬 쪽으로 날아갔다고
유카탄 반도에서 다시 만나요, 농을 치면서
잔소리 많은 나무처럼
물병자리의 음모를 비아냥거리며
깃털 하나와 함께 쇠사슬도 훨훨 날아가 버렸다고
그리고 몇 백만 년 후,
단순한 각(角)에 대해서
자비로움이
점과 선의 절묘함이
수평의 신앙이

삼겹살에 술 한잔을 구원하게 될 것이지만

처음부터 다시 그어져야 한다
저 미지의 바다, 내 경험이라면
마젤란의 배는 포말 속으로 추락해야 했다

하모니카 부는 밤

가로등 난만한 그리움이었지만
무작정 별들을 헤아리다가 지치면
깜깜한 밤하늘에게도 때로는 친구가 필요하지
불 꺼진 들창에게도 불러줄 이름은 있지
잊히고 되살아나는 사람들을 배회하였던 것,
오래도록 어둔 회랑을 맴돌았지
콧노래를 부르며 담벼락마다 손장난을 남기면서
조용한 자죽 너머로 흥얼거리는
발자국소리도 그네들은 떠올리게 될 거야
머리를 쓰다듬어주고 싶어지는
공터의 아이들과 늦은 애비들의 어깨를
어루만지는 아라비안나이트 램프처럼
오래된 내력은 슬그머니 고백할 것이니
바람구멍 숭숭 드나들수록 더욱 견고해지는
문풍지마다 악보처럼 새겨지는 속절없는 드난살이
몇몇의 그림자들은 떠났고 그런 밤의 서늘하고도
애진 곡조는 할머니 쭈그렁 젖가슴 만지는
천진난만한 낙타들의 밤이니

저 목소리들은 다들 언덕 하나쯤 가지고 살아라
저 구멍 난 그리움들 모두 동굴 하나씩 지녀서
잘 살아라, 못 잊히는 곡절만 되새김질해야 하는
품 안의 느릿한 걸음걸이들, 그리하여
잘 익은 슬픔일수록 달콤한 것이니

초분골*을 지나다

바람이 잠시 머물러 허물을 벗었다
그렇게 말해도 될까 너무 오래 떠돌았다고
사람들은 내 귓속에 잔뜩 꽃을 꽂아주었지만
나는 벌거벗은 절벽을 찾아 떠나야 했다

참새 떼가 대숲에서 택촌마을로 날아갔다
그렇게 소식을 전해도 될까 유리반지의 햇살처럼
사람들은 난간에서 사라져가는 노래만 부르는데
물구나무 몇은 강물처럼 되돌아오고

나는 아직도 빈집처럼 삐꺼덕 소리를 내며
진흙뭉치 같은 허물을 자꾸만 뒤집어쓴다
그렇게 고백해도 될까 목울대가 꺾인 것처럼
개山도 차마 숨조차 넘길 수가 없었으리니

단 한번의 육탈을 위해 저녁은 오는데
빚 받으러 오는 달빛은 더 없었을 텐데
설핏 따라나서고 싶었던 어둑 길이었는데

그렇게 물감 번지듯 입술 붉던 시절을 위해

---

*고분골 : 풀이나 짚으로 덮어 치르는 장례가 이뤄졌던 지역.

흐르는 강물처럼

서울에서
춘천에서
광주에서
흐르는 강물처럼

헤아릴 수 없는 층층계와
빼빼 마른 골목길과
안개 자욱한 골짜기를
흐르는 강물처럼

나뭇잎에서
가로등에서
국경선에서
흐르는 강물처럼

초본에는
여러 겹의 강물소리
겹겹의 두런거림이

흐르는 강물처럼

숲으로 돌아가는 마네킹 1
— 직립에 대하여

길가 풀섶에 서 있는 인조인간은 아련한
인류, 바람벽화 발굴자에 의하면 그는
최초의 춤꾼이었다는데
시늉을 담은 몸은 산화되면서
투명에 가까워지는 것인가,
저 순례자의 집요한 단정함을 보면
매일 아침 서둘러야 했던 이유를 묻고 싶다
그러나 도대체 어디로 가야 한단 말인가,
도끼를 치켜들고서
피를 흘리는 사냥감의 숨통이 잦아드는 순간까지
바위처럼 기다리는, 완강한 저 자세는
어쨌든 무한한 진화와 퇴화를 지나왔다는
반증, 씹히는 고독은 어쩔 수 없어서
프레스에 찍힌 형상은 조금씩 허물어져가고
한때의 직업과 가족들과 우정과 모험의 골목들은
어쩌다 고향 가는 길을 잃어버렸는지,
화살표는 기록할 수 없는 지평선을 향할 뿐
낙엽 속에서 기침소리를 들었다 해도

따스한 우유 한 잔과 빵 부스러기는
더 이상 춤을 만들지 못한다
꼬리가 잘리고 털을 빼앗긴 채 도망치고
재빨리 달려야만 살아남을 수 있는
벌판에서 나뭇잎과 공중그네를 잃었다
어린것들의 촛불 밝힌 저녁의 노래들
잃었다 매일의 우연한 지나침처럼
드러눕지도 미소를 지을 수도 피를 흘릴 수도
없는 길항하는 숲, 무법자들은 아직
전력질주, 아무도 그 이유를 모른다

숲으로 돌아가는 마네킹 2
— 질문들

어디 있었냐고 물었다
〈여기〉, 쉴 새 없이 지나쳐간 파문들,
일일이 기억할 수 없는 아지랑이
너머, 기억할 만한 것들을 묻는다면
〈지금 여기〉, 그저 답할 뿐
화살이 뚫어버린 짐승들의 비명과
향기로운 오솔길의 대비는 축복이었다
그러나 한갓되이 팔을 들었다 내리는 일처럼
퇴락의 슬픔은 영원한 것,
무엇이 또 다르다고 할 것인가?
끈적거리며 들러붙는 혈육 같은 망각들,
어둠을 타이르는 동쪽의 광휘와
야생의 늪에 깃드는 평화로운 숨소리는
種의 기원, 별들이 내린 화엄이지만
길도 아닌
숲도 아닌
사막의 술집—피리를 불며 가는 순례자의
가공된 플라스틱 뼈의 형제들

총천연색 변덕쟁이들의 마을에도
지붕은 탄생하고 번개와 눈사람과 애매한 감정들은
영혼과 이별하는 골목이었으니
너는 커서 기타를 배우렴, 속임수란
하나의 표정을 익히는 것,
부디 행운이 있기를!

숲으로 돌아가는 마네킹 3
— 짜라투스트라의 초콜릿

1

지구상에서 가장 위대한 포식자는 이제
태양을 탐하는 일만 남았다
날마다 부활하는 불타는 입술
합창 속의 고독한 읊조림들
이 신비한 성각문(聖刻文)을 해독할 수는 없지만
달콤한 것들은
가시 박힌 설탕의 꿈은 낡은 구두처럼
한때의 퍼포먼스!
방부처리 된 깡통 사랑,
잠 오지 않는 봄밤처럼
황금빛 도끼의 사냥감은 저 하늘을
펄떡펄떡 날아다니고, 기나긴
속삭임과 오랜 애무와 부드러운
융단을 천지현황을 탐하러 가는
저 벌거숭이들,

2

발굴되지 않는 미망의 현장, 한 구석
그가 수신호를 멈추었다
감정도 고장 날 때가 있다
모래언덕을 횡단하는 유일한 서빙,
우리는 감정 없이 맞닿았지만
아무도 적멸을 완성하지 못했다
내일 지구가 멸망할 거라고
무책임하게 중얼거리면서 나는 마법사처럼
팔을 들었다 내린다
그렇게도 많은 창조물과
왕국들은 다 어디로 가버렸는가
단단한 턱뼈로 무장한 벌거숭이들은
아직도 비밀스런 동굴을 찾아 헤맨다
실은 서로 맞닿으면서 완성되지만
저 끄트머리까지 닿았다는
풍문을 듣지 못했다

숲으로 돌아가는 마네킹 4
— 퇴화론

1

나의 증언은 방황, 이미 지루한 문답이다
늙어버린 가방과 비밀스러운 地圖, 이젠
어느 길목이 되어도 좋을, 아무런 상징도 없이

2

나는 너무 늙어버린 여행자
어머니는 나를 낳았는지 기억조차 하지 않는다
매일 귀가했으나 먼지로 만들어진
성벽은 바람의 가장자리,
고독한 영웅은 혼자 어슬렁거리며 늙어갔을 뿐
마네킹처럼 마알간 피부는
비듬투성이, 춤을 배운 적 없는 몸을 끌고
낙오하지 않기 위해 이를 악물어야 했으나
모호한 별은 지속적으로 떴다 사라졌고

가면 쓴 어둠의 젖을 빨았다
그러나 나는 어리디어린 여행자
오직 직선의 걸음으로 단련된 미로에서
옆걸음을 재촉해보지만
푸른 하늘을 이파리 무성한 나무들을 경배한다
그것은 완벽한 영혼의 순수,

모든 것은 사라진다지만
나는 두 가지 이야기를 전해야 한다
명백한 낮과 밤의 미묘한 거죽들을 떠나보내고
붙잡아야만 하는, 진보하기에도 바쁜 족속들
너무 많은 서적을 낭비한 탓에 말이 많아진
원숭이들의 서커스는 기교만 발달하였지만
태양을 시늉하다가 터럭마저 빼앗겨버린 버르장머리,
끝없이 걸어야 하는 미로는 다시 시작해야 하는 시작과
끝에서 어린아이들은 태어나고

나는 지금

늙어가면서 어리디어린 젖먹이가 되어간다
공책마다 그날의 풍경을 오려 넣고
새우잠을 자다가 깬다
어머니는 아직 나를 기억조차 하지 않고
나는 날마다 까마득한 층층계 앞에
선다 울다가 웃다가 점점
걸음을 잃어간다

3

인간을 시늉하다가 박제가 되어버렸으나
정성스러운 손길이여, 최초의 울음마저 잃었으니
완벽한 그림자 마술,
나는 지금 필사적으로 도주 중이다

콘크리트 묘지

세상천지에 집 한 칸 지니지 못한 축생이
배꼽을 덮고서야 손이 비었다는 걸 깨달은 것이다
평생 부르르 떨기만 했을 비명을 꽉 움켜쥐어버렸다
저 콘크리트까지 날아온 새 한 마리
내려앉을 곳 바이없이 떠나버린다, 훨훨……
저 축생의 연대기도 맹목의 시간이있으리라
줄탁동시 나누던 손, 그 숨결을 놓치지 않으려고
헤매던 저 손이 훨훨 날아간다
집 한 칸 없는 오래된 안녕과
삼시세끼와 까치소리에 먼발치로 나서던
탱자 울 비켜 난 바람도 있었으리라
나는 그렇게 믿고 싶은 것이다
저렇듯 단호하게 새를 날려 보내는
비탈을 또 어느 축생이 지나다가
문득, 비이없이 미끄러지기도 하여
허방한 손을 털고 일어서서
어이쿠, 어머니!
단호한 생의 기척도 저만하면 완벽이겠다

문턱을 찾아서

얼룩연속사방무늬는
뭉개지고 깨진 살림들이 건너야 할 울음이다
아이고 아이고, 요령소리
어화널 넘자 어화널, 숨이 차거든
푸석푸석한 살 한 덩어리 떼어줘야 하는데
바닥에 사는 울음이 없다
어화널, 넘어가지만
공중 사다리가 없다
오래된 틈으로 이루어진 턱,
밟으면 복 달아난다는 호통소리가 없다
할아버지 담배꽁초 걸쳐놓고 드는 낮잠 동안
아버지 얼굴에 누대의 그물로 짠
주름이 없다
턱, 턱, 걸려서 쉬어 넘자는
아리랑 가락이 없다
없는 것들을 거두고 살던 문턱,
까치발로 넘던 두근거림이 없다
곰방대를 후려치며 부르던 남도잡가 장단이 없다

틈과 틈이 이루어낸 광휘(光輝),
귀를 대면 강물소리 나직하던
맺히고 풀리면서 흐르던 긴 강은
지금,

너무나도 연극적인

— 한태숙 희곡 『西安火車』

불멸의 무덤을 향해 기차는 떠났다
아무도 행선지를 묻지 않았다
창은 어둡다 몇 번인가 의자를 바꿨다
터널을 지나도록 알아들을 수 없는 목소리를 강요받았다
기차도 어리둥절 달리는 게 역력하다
창에 이마를 대자 한 얼굴이
한 조각으로 분해된다
지독했던
수천수만의 형상들이었다
문득 사람의 마을, 몇 갈래의 길이
정직하게 끌려 나온다
아직 끝나지 않은 전람회를 지키려는 듯 개 짖는 소리가
믿기지 않게 가깝다
갑자기 대낮처럼 밝아질 때도 있다
기적(汽笛),
적막은 더욱 확장된다
이따금 간이역에 정차하지만 아무도 내리지 않았다
굽이굽이를

관성에 흔들리며 흔들리며
궁극에 응답하듯 간혹 물을 건너는
이 기차는
이 세상에 없는 종착역을 달리는 것인지도 모른다
해수기침이 낭자한 무대를 주인공이 떠났다
여전히 창은 어둡다
몇 개의 이미지 때문에 느닷없이 밝아질 때도 있다
조각조각 분해된 촛불들이
굽이굽이 쿨렁거린다

거대한 유리창

이것은 막장 드라마가 아니야
열정 없이 하루를 보냈다고 누가 흉보겠어?
지붕처럼 지겨운 날도 있었어
한 뼘을 재도 고작 한 뼘인
암전된 무대처럼 말이야
아침저녁으로 무한 반복되는
그게 그거지만
자꾸만 목이 마르는 게 무슨 병인지 몰라,
그래도 나는 순정했어 영웅을 기다렸지
코미디처럼 알록달록한 정치,
그래서 나는 마약을 숭배하지
돈 티브이 키스…… 현실적이지 못한
충고를 혀 빠지도록 찬양하지
이것은 막간이 아니야
동공이 클로즈업되고 화면이 분할된
정지 화면, 그런 기적은 본 적 없지만
해가 뜨든 천둥이 몰아치든
미풍은 어디서 불어오는지 모르지만

붉어지고 까매지고 가벼워지고 무거워지는
내 머리카락은 몇 가닥이나 되나?
하룻밤 새에 헤아릴 수 없듯이
해피엔딩과 오프닝이 헷갈린다
나는 내 삶에 중독됐다

집이 사라졌다

애초부터 없던 길이었다
울퉁불퉁 꾸불텅꾸불텅 흘러오고 가는
허락받아야 할 문,

*

툇마루 아래
나란한 신발들은 다 어디로 갔는가
(소멸이란 얼마나 어처구니던가!)
색 바랜 비닐 막, 한 조각의 투명도 없이
(모든 냄새를 기억하다니!)
해수기침 찐득찐득한 봉창은
둥글게 풍문을 오므린 지붕은
우리 집은 어딘가?
중얼거린다 폐허에도 발자국 새기러 오는
(기억이란 얼마나 잔인한가!)
나는,

*

서성거리기 알맞은 저녁을 가졌던 울타리와
외등 밝았던 서까래 근저에는
아직도 누군가를 애 터지게 부르는 목소리가 있다
옥은 풀섶에 맴돌던 푸념 한 바가지와
물방울 하나를 끝내 놓쳐버린 처마 끝,
까치야 까치야, 헌 이 줄게 새 이 다오
묻는다, 어디만치 왔니?
두껍아 두껍아, 헌 집 줄게 새 집 다오
모래 한 줌을 쥐었다 놓았을 뿐인데

*

탯줄의 내력으로 사린 뒤란의 감나무가
햇살과 어둠을 익혀 득음이라도 한 듯이
비나리 삼백예순날을 강물소리로 서서
쑥대머리 귀신 형용 참새 떼를 불러들여도

애초부터 없던 울퉁불퉁 꾸불텅꾸불텅
흘러오고 가는 길이었으니
할아버지는 동아줄을 낳고 아버지는 두레박을 낳고
눈망울 같은 창문에서
이빨 자국처럼 머물다 가는데

*

거미줄 출렁이는 기슭에 사는 동안
집을 허물고 가는 거미를 본 적 없다
허방 자리에 한 발자국 새기는
자꾸만 헛디디는 마음이 집터였을까,
할아버지를 모르고 아버지를 모르고 후레자식 같은 오랜 그늘을 모르고
(오오, 까치 발자국을 모르고!)
발부리에 걸린 돌멩이를 모르고
문득 생각난 듯이 돌아보는
나는,

뽕짝 분수

저 피에로는 리허설도 없지
훌쩍, 자취조차 남기지 않네
이별하는 사람들은 모두 악기를 다루는 명인들
막장 기교로 질펀해지는 딴따라, 뽕짝들
빰 붉은 외딴 마음들 흩어지면서 엉키면서 애걸복걸,
허공을 치고 저 밑바닥을 떠돌겠지만
멸망하지 않는 변두리이지, 저 삼거리는

비둘기는 멀리 날지 않는다

푸르름의 먼 기억이 없는
비둘기는 멀리 날지 않는다
사육된 순명의 보도 위에서
무너지지 않는 난알 앞에서
경배하듯 쪼는 저 부리의 儀式은
그러므로 엄숙하다

지상에서 가장 높이 나는 새는
어리석다 고층빌딩 너머 피뢰침 너머
극점을 쪼듯 한 줌의 먹이는
統制點,

고개를 돌리지 마라
한때의 달콤한 둥지였을 뿐
방향과 속도와 무게 밖으로
날개를 털지 마라
지상의 과오는
승천하지 못한 지상의 나뭇잎들,

겨우 지팡이를 끌고 다다른
저 노인의 발끝에서
은퇴한 햇살이 옷섶을
희미한 손을 쓰다듬는 동안

저 신비로운 발자국은 얼마나 완벽한
전망인가,
슬픔으로 단련된 철갑처럼
비둘기는 멀리 날지 않는다

붕어빵 속의 봄

여자는 빵을 낳는다
지리멸렬한 생애를
빵틀을 뒤집고 또 뒤집는다
이제는 정말 제대로 한번
뒤집어엎고 싶다
반죽의 지평과 팥 앙금은 침묵을 강요했지만
푸석거리는 지느러미로는 불가능한
망망대해이지만
꽃씨를 굽고 싶다
넓은 초원을 꽃밭을 낳고 싶다
눈빛 말랑말랑한 아이와 노인의 굽은 등을
진흙탕을 튀기고 가는 바퀴를
먹여주고 싶다

그러나
아이들은 일말의 푸른 기색도 없는
겨울로 떠날 것이다
사람들은 예언자처럼 구시렁거릴 것이다

골목연속극은 늘 숨이 가쁘다
누군가는 빨래를 하고
누군가는 술에 취해 욕을 퍼붓고
누군가는 편지를 쓰고
누군가는 한없이 걸어긴다
그렇게
피 흘리지 않은 생애는
굽이치는 법이 없지,

진득진득한 비늘을 쓱쓱 문지른다
여자는 이제 피를 굽고 싶다
재방송되고
또 재전송되는 핏빛 낭자한
빵의 골목,
마침내 여자는 사신을 굽기 시작했다
한 여자, 두 여자, 세 여자……
번져가는 최첨단의
여자들,

그러나 자신을 먹어주는 귀인은 끝내 나타나지 않았다

여자는 산정에 몸을 누웠다
두 눈이 심장이 아기집이…… 반죽처럼
흘러내렸다
태양을 향해 불을 지폈다
여자의 손은 희미한 안개를 피워 올렸다
집집마다 등불이 꺼졌다
가로등도 꺼졌다
……꺼졌다
세상은 빵으로 넘쳐흐르나니
이젠 눈물을 구우리라

태양은 내일도 피를 흘리며 뜨리라

파이터의 文身

굵고 강력한 근육을 씰룩거린다
마우스피스를 내뿜는다
고향의 협곡을 닮은 가슴과
민둥산의 고목 같은 두 다리
펀치를 내지르자 찔레 흰 가시를 우두둑,

향기란
오랜 고통을 완성한 비명(悲鳴)인 것
골목을 뛰쳐나오면서 얼마나 많은 침을 뱉어냈던가
씹던 껌을 뱉어내고 돌아서면 질주하던 바퀴처럼
그래, 해머 펀치 맛 좀 봐라!
고작 그 정도밖에 안 되더란 말인가,

하이킥 한 방에 나가떨어지는 허망한
근육덩어리에 새긴
오솔길—금단의 벌떼들이 수두룩 쏟아져 내린다
한 광주리의 희망이라 믿었던 게 잘못이지
독수리가 노리는 것은 너의 뜨거운 심장

—아아아 정말 무서운 파괴력이군요!

사람들은 탄성을 지른다
불끈 들어 올리는 깃발처럼 펄럭이는 한 주먹,
익명의 집들이 일시에 정전되고
단말마가 들려온다
마우스피스를 뱉어낸다
불굴의 투혼!

—오늘의 챔피언은 과연 누가 될 것인가?
적멸보궁을 찢으며 달려드는 저 피 묻은 이빨,
스키드 자국으로 역사는 이룩되나니
가슴을 탕탕 두드리면 소스라치는
퇴근하는 뒷골목을
맨주먹의 억장 무너지는 소리를
개밥에 뜬 별을
신물 난 잔소리를 신앙할 줄만 알았더라면
내일은

지중해의 커피를 마시면서 잡담을 나눌 수도 있었을 텐데

허억! 함성이 터진다
위대한 제왕의 팔뚝이 허공을 쳐드는 순간,
뿜어지는 넝쿨장미의 빛나는 꽃잎
씹어뱉는다
희미한 길 하나가 빠져나간다

저 언덕이었던가
저 골목이었던가
저 담장 근처 가로등은 꺼졌던가
이내가
다 꽃무늬인데 챔피언은 향기를 맡아본다
울음은 힘도 세지,

암전

파이터의 밥상

티브이의 투사들은 싸우고 나는
밥 먹다 말고
침 발라 머리카락을 들어 올린다
한때 불꽃이었던 얼룩을
손바닥으로 쓸어 모은다
원…투…쓰리…포…
피멍 든 눈으로 지푸라기라도 잡으려는 듯
허공을 붙들려는 저 허망한 주먹을
나는 너무나도 잘 안다
놓칠 수밖에 없는 올올이 적막강산이다
잘 붙들리지 않는 피비린 생존은
식은 밥 덩어리처럼 우체부도 다녀가지 않는 날들
울타리 밖에서 종소리는 들려오고
파이브…식스…세븐…에잇…
뎅–뎅–뎅– 언제까지 버틸 수 있겠는가
뎅–뎅–뎅– 평생을 굴러먹은 이 바닥,
아득한 국물 한 그릇 떠먹여주고 싶다
부르쥔 주먹을, 피멍울을 닦아주고 싶다

울긋불긋 껴안아주고 싶다

저 밥줄로 들어 올려야 하는 것들,

파이터를 위하여

뒤틀린 골목길, 높다라이 날아오르던 전봇대가 나를 덮치는 꿈, 낮잠을 깬 순간이었어 강력한 니킥* 한 방에 벌러덩 한번도 빼보지 못한 칼집을 등에 지고 평생을 살다간 굽은 등의 사내들,

총천연색 몸에서 산새들 노랫소리가 들렸어 나도 모르게 주먹을 쥐었어 부르르 떨리는 투쟁심으로 누구를 불러 술 한잔할까 하지만 저 허우적거리는 팔목을 저 모가지를 암바*로 분질러? 필살기란 화려한 것 삼단차기? 회오리 권법?

눈두덩에선 정치의 직유처럼 피가 흐르고 흙먼지 속으로 걸어가는 챔피언을 보았어 담배를 배우고 술을 마시고 연애를 했던 그 샛길

흑백,

아무것도 상징할 수 없는 분탕질, 천지현황을 어찌하겠는가 담배를 끊고 술도 줄이고 과식도 안 되고 슬픈 생각도 예쁜 여자의 종아리도 안 되는 충고처럼 깜깜해지는

두 쪽 나버린 하늘,

패배는
한 줌의 밥을 삼키지 못하고 핏물을 곱씹고 뱉어야 한다는 것, 관자놀이의 푸른 정맥으로 흐르는 고향 길을 기억해야 한다는 것 허옇게 감겨버린 눈두덩 위로 삭렬하는 섬광들을 지워야 한다는 것,

살아남으려면,

---

*격투기의 기술 명칭.

뭉게구름 타고

어느 절간에 가면 업경대라는 게 있다지
그러니까 몸속에 난 지도는 없는 길을
찾아가는 길, 바람 빠지는 소리처럼
고개가 절로 돌아가는 길, 소나무가 서
있고 붉은 황톳길은 유혹하지 아무것도
아닌 곳으로 가는 저 계단은
설탕으로 만들어졌다네 사카린으로 부풀린
추억처럼 뭉게구름 타고 갈 수 있는 곳
그는 늘 모래를 만지며 놀고 싶었으나
술꾼들이 민주공화당 노래를 불러댔네
지긋지긋한 먼지들을 물려받았으나
그것마저 탕진하고 보니 음악은 사라졌네
그는 춤을 배우지 못한 촌놈
구멍이 없는 열쇠 꾸러미가 걸린 눅눅한 기억은
천생의 침묵만이 그 모양을 익힐 수 있어서
언청이 같은 돌멩이를 팔아
책을 사고 술을 마시고 꽃을 샀으니
빚은 천정부지, 업경대에 비추면

염라대왕도 못 알아볼 황사뿐이겠지만
누구나 업장은 은밀한 것이니
부적처럼 평생 읽을 수 없는 뭉게구름 타고
훨훨 구중궁궐을 넘어가는데 천길만길
샛길이 통섭하는 뵤한 구릉이 거기
어딘가에 있기는 있다는 말이지

등짝

거웃이 돋을 무렵이었을 것이다 아버지하고 다시는 목욕탕 가지 못했다

나주평야 청나락 남실거리는 둑방길을 자전거 타고 하늘하늘 날면서 양수장에서 멱 감다가 푸우푸우 자맥질하면서 저쪽 까마득한 곳에서 누군가 부르는 것도 같아서 고개를 돌리면 금세 강물은 까무룩해지고 집은 가물가물 멀어서,

아들놈 등짝 때 밀어주면서 아프다고 엄살 피우지 말라고 엄포를 놓으면서 물바가지 짝짝 뿌려주면서 이젠 내 등도 좀 밀어달라고 하면서 금이 쩍쩍 가게 밀어보라면서 안 아프냐고 묻는데 뻔한 답을 일러주지 않고 아픈 것을 좀 참으면서,

어느새 내 거 보고는 눈길 돌리는 아들놈 자지 슬쩍 만져보는데 내 등짝을 천둥 벼락소리 나게 후려치는데 애오라지 파랑 물결치는 들녘 바람소리,

제2부

回文

맴돌고… 맴돌고… 한참을 다녀와서

풀잎에 내려앉은 잠자리 한 마리

사르르르… 日月보다 빠른데

물뱀 한 마리 밑줄 그으며 강을 건너온다

단 한 줄이다

강물과 햇살과 초록이 잠시 놀다 간 길,

그새 그걸 다 읽고 자취조차 없는 걸 보면

감쪽같다

그는 통속적이다

집을 나서면 그 눈의 조리개는 분리
재조립된다 조율된 신호등, 여러 마리의
애완견들 여럿인
네루다 꽃무덤 핫팬티 깃발 뚱딴지……
이런 도구들은 고위 관료들처럼 품위를 잃지 않는다
우아한 교양으로 우산을 팔에 걸치고
셰익스피어처럼 골목마다 밑줄을 그어놓는다
당신의 나팔꽃은 오늘따라 황금빛이군요
얼굴은 늘 그렇듯이 굳렁쇠 소리가 난다
지청구에 익숙한 사람일수록 친절하다
그는 언제든 나이로비로 떠날 것이다
매력적인 여자와 요트와 영화처럼 그러나
넌 싸구려야! 절레절레 흔들며
지나가는 푸른 턱,
그는 사랑한다고 말했다 부비부비
엉덩이를 흐억, 만져주고 싶었다
하룻밤 그렇게 너는 내 운명이야
최고의 체위와 표현 신음소리를 동반하면서

삼류 영화처럼 속절없을 때
산전수전 다 겪은 뽕짝은 울리고
휘황찬란을 지나 주인공은 스윽,
썩소를 날린다 오, 사랑스러운!
저 순진무구!
이 풍진세상!
친절과 우아함과 다감한 표정으로
균형을 유지한다 미안하지만 이것은 처세,
가설극장의 연출이란 투박하되 깔끔한 배후,
원숭이들이 백 년 후쯤에는 이따위 요설들을
기억이나 할까마는

네블라이저

후욱, 맨 처음 만져본 살결
마법 같은 꽃잎이다
누군가의 등짝에 서명했던 송곳이다
후욱, 도대체 얼마나 많은 진흙을 먹어댔는지
바람 빠지는

내말들리세요…고개를끄덕여보세요……

얘야, 몸은 왜 이렇게 부풀었다니?
눈물은 왜 이렇게 뻣뻣하다니?
날개가 너무 더럽구나, 천사들이 하는 짓이란 뻔하지
얘야, 노랠 불러줄까?

어둡고 긴 골목이었을 게야 비둘기들이 숲 속으로 사라
질 때 너는 하모니카를 불지 말았어야 했다 기억나니? 이
미자랑 배호를 부르던 그 남자, 너는 조용필을 우겼던가
술 취한 목소리들의 그 골목
너는 신의 가호, 라고 일기를 썼던가?

후욱, 지붕과 지붕들
비대칭의 강물소리를 후욱,
초등학교 금빛 운동장을
사랑했다…후욱…

내말들리면…손을쥐었다펴보세요……

너바나, 니르바나

쓰레기통을 평생 걸어왔다고 생각해봐
끔찍하겠지 이젠 노래를 불러 네온사인 따위는 잊어
겪어야 할 일들은 이미 지나갔어
이봐 이봐 이봐 불러봐
고개 돌리는 짓이란 얼마나 따분해
smells like teen spirit 어린애처럼 느낀 대로 행동해*
머리에 총을 겨누고 당길까 말까 망설이는
잠자고 있던 꿈 싸구려가 된 청춘 너덜거리는
품위, 강물에 던져버려 hello, how low?*
선글라스를 던져버려, 어둠 속으로 눈을 감고 걸어봐
자살하지 않는 시인들의 거리
술에 취하지 않는 사회
노래가 안 되고 생각이 안 되고 정치가 안 되고
문학이 안 되고 눈을 감고 걸어야 해
머리통을 날려버리는 거야
우울의 일기장을 불태워버리는 거야
제발 유서 따위는 쓰지 마
Nirvana의 어둔 골목길을 달리는 거야

잠시만 고개 돌리는 걸 허락하지
그러나 암흑 앞에서 떨고 있는 걸
겁먹지 마 변덕쟁이처럼 한번쯤 웃어봐
키스를 날려줘 애인이 볼 거야 불빛은 없어
믿지 마 태어나자마자 Nirvana를
찾아가는 거야 Nirvana 아아
즐거웠다 매우 좋은 인생이었다** 말할 수 있을
때까지

---

*록 밴드 'Nirvana' 대표곡과 가사 일부.
**'Nirvana'의 기타리스트 겸 보컬인 커트 코베인의 유서에서.

하월곡동 하늘계단

하늘계단만이 유일한 통로인
저 언덕배기 발 한번 삐끗하면
비닐봉지 공중부양 하는 곡예다
막술에 곤드레 경공보법 만드레
가는 길 백척간두 건너는 절륜의
내공은 뽕짝 메들리 전면이 되풀이되는
악바리로 다다를 닳고 닳은 절벽이다
깨진 유리창 붕대를 두른 것들을
희망이라 부르는 일당 받은 신파,
찌질한 별이 떴다 지는 동안
멍한 눈빛으로 계단을 타고
강남스타일*로도 가는 파스 자국처럼
미끄러지면서 꽉 움켜 쥔 주먹,
하세월의 술주정처럼
하루치의 층층계를 훌쩍
하모니카 음계를 누가 또 불러대는가,
누가 허방다리를 두드려 백팔지랄로
망상의 화엄을 또 건너는가

북망의 요단을 재개발하고
동방의 빛과 섬나라 조몬스기를 덮고
남쪽 검붉은 만파식적을 던져버려야 할
먼 굽이, 불 꺼진 아랫목은
헐레벌떡 춤추는 악다구니인데
뼈 으스러지게 끌어안고서
뽕짝 메들리는 오늘도 재생되는데

---

*가수 싸이의 히트곡.

설장구를 듣다

아무런 기억도 기억하지 않겠다
허허벌판을 어슬렁거리는 구름의 그늘
방죽의 미루나무가 한껏 거느린 그런 게으름을
나는 좋아한다 누군가 자전거를 타고
저 억새들 사이로 휘파람을 불고 간다
그런 기분을 너무 잘 알지

아무런 이름도 부르지 않겠다
눈부신 아침이 있었고 곤장 밤이었다
마음은 가뭇가뭇해서 발돋움하던 울타리였지만
아무것도 떠오르지 않았다 나는 늘 여행을
궁리했지만 잡다했다 그렇고 그런 날들
이화월백은 황금의 마차와 구두
그런 몽상을 너무 잘 알지

아무런 고백도 하지 않겠다
강물소리는 베껴도 위증일 수밖에 없었다
장터 찌릿찌릿한 홍어 내음

분내 풍기며 달아나던 여인숙의 창문들
노봉(露峰)*의 벌판은 최초의 한 뼘과 최후의
도약 사이, 황금 지팡이를 갖지 못했지만
그런 추억을 너무 잘 알지

아무런 약속도 하지 않겠다
종이비행기를 접었지만 첩첩한
산골짜기 구름에다가 장단을 얹어주는
사람, 손가락 율동으로 피워 올리던
저녁 빛을 그 순간을 무어라 명명해야 할까
그런 불빛을 너무 잘 알지

아무런 상상도 하지 않겠다
적막 다음의 적막, 다만 물방울, 물방울
간헐적인 화음이지만
만약 나의 춤을 보았다면 그것은
불 꺼진 다음 급브레이크 밟는 육자배기 가락
그런 악기를 너무 잘 알지

---

*전남 영산포 고향집의 뒷동산, 소설가 오유권의 아호이기도 함.

지하철에서

액정 화면에 잡힌 좀비들
일련번호가 매겨진 상냥함들
질주로 숙련된 번갯불 숭배자들
경공술을 탐습하는 드라마 주인공들
날마다 전송되는 창백한 지나침들
유리벽을 복사해 집을 짓고 식탁을 차리고 월세를 충당
하는 마법사들
알 수 없는 종착지로 전송되는 회선들
흔들리는 밀랍인형들의 부스러기……

가기도 잘도 간다
저쪽 나라로

어떤 연금술

단 한 줄의 문장 때문에
간혹 나는 매혹에 빠진다
난해한 시처럼 세상에는 내가 모르는
말들로 가득하지만
알 수 없는 곳에서
물방울소리가 들리듯
소리를 찾아 두리번거리면서
며칠 동안 지치기도 한다
어느 아침의 개똥 지린 자리에서
동의할 수 없는 말을 들었지만
내가 아는 세상의 말은 몇 마디나 될까
세상에는 내가 모르는 길들로 가득해서
미궁에 빠지기도 하지만
잠만 잘 자고 밥도 맛있어서 나는 또
관대해진다 무시불식간의 농담처럼
물방울소리가 이 언덕의 유일한
연금술일지도 모른다

모오리돌

강을 건너다가 문득 아이를 낳고 싶다는 생각을 했지요 남자는 아이를 낳을 수 없어요 반질반질한 돌멩이가 까만 눈으로 말했어요 모래알 반짝이는 햇살의 은비늘처럼 출렁이고 싶었는데요

그러면 애인이여 봄날의 우체국에는 왜 가시나요

미소가 고운 사람을 만났어요 함께 강을 건너자는데 빨간 볼기짝 아이 열둘을 낳아도 저런 미소는 어려울 텐데 미소는 젖고 말 텐데 혼자 강을 건넜지요 동백꽃 핀 우체국에는 아이를 알선해주는 창구가 있지요 일시 한정 판매되는 모오리돌들이 진열돼 있지요

침을 발라 우표를 붙였지요 불룩해진 가방을 매고 우체부들은 집집마다 돌아다녀요 배달되는 아이들은 모두 가족들을 찾았을까 지금쯤 엄마 젖을 빨고 있을까 개나리 손으로 누나의 뻐드렁니를 만지고 있을까

다시 강을 건너왔어요 아이를 가지려거든 생리를 해야 해요 붉은 피를 터뜨리세요 어려워요 흠뻑 젖어서는 꽃 다 놓친 폐경기의 동백이 천년은 걸릴 거라네요

허공의 딸꾹질*

이제부터 나는 허공의 말을 구시렁거려야 한다
한세상 잘 산다는 어느 겨드랑이거나
삼시 세끼의 밥상머리이거나
고성방가로 돌아가는 네거리를 벗어난 캄캄한 골목이거나
신성(神性)의 기록을 나는 써내려가야 한다
손톱이 빠지도록 긁고 파고 아득바득 매달려야 드러나는
박카스병…물컵…기름통…콜라병…퐁퐁…쌀막걸리병…샘물水병……
말을 줄이고도 숨이 벅차오르는 이 텅 빈 유적(遺蹟)은
몸부림치며 썩어야 하는 생활이다

깨진 병 조각이 효수당한 목처럼 철철 피를 흘리며
두 눈 부릅뜬다
칼금 긋듯 날아가는 저 두루미의 안식과 살림살이를 위해
비타민 병은 더 이상 혈액을 공급할 수 없다
그라목손…바리문액체…미세트유제…박멸탄수면전개

제…세베로유제……

숨도 쉴 수 없는 폭약을 거느린 물고기가 사는
주암상수원(住岩上水源)의 푸르른 허공을
구두 한 짝이 노를 저어 다 건널 때쯤이면
나는 이 목록들을 저 허공에 매달아야 한다
살균제…가스가민액체…식물전멸약…정부방역사업용 아이스린……
이것들은 죽음을 만드는 특허품,

…돌멩이의…갈비뼈가…물비늘의…어깨가…될때까지…부러진…참나무삭정이…휘파람새의…울음이…될때까지…비누거품이…초록을…날아…노을처럼…번질…때까지……
이제부터 나는 허공을 폭식하고, 독가스를 내뿜으며 비밀스런 그림자로 살아가야 한다
이따위 시를 읽고, 무슨 뜻인가 다시 묻는다 해도
딸꾹,
풍경(風磬)소리가 삼천대천에 울려 퍼진다 해도

그리운 꽃들을 흔들어대던, 뚜벅뚜벅 태초의 새벽잠을 깨우던 해동청은 어디로 날아가버렸는가

옛사랑으로 끙끙거리던 야생의 아랫목에서

나는 날마다 허물을 벗고 참菊**의 향기에 굴종해야 한다

쭈글쭈글 늙어버린 어머니의 젖가슴을 잃어버린 지 오래, 나는 날마다

고향을 잃고 떠도는 뻐꾸기처럼 울어야 한다

이제는 더 이상 갈 곳이 없다 그리하여

빛나는 솔잎, 모래 기슭, 어두운 숲 속 안개, 맑게 노래하는 온갖 벌레들…… 개울과 강을 흐르는 이 반짝이는 물은 그저 물이 아니라…… 물결의 속삭임은 우리 아버지의 아버지가 내는 목소리…… 우리의 할아버지에게 첫 숨결을 베풀어준 바람은 그의 마지막……***

텅 빈 딸꾹질로 허공을 가득 채운 것은

긍휼의 피리소리, 거기 누구 있는가, 불러보지만

자맥질하면서, 아무리 이름을 불러도 딸꾹딸꾹,

*어공의 맏꾸진 · 함허당(涵虛堂)의 선시(禪詩)에서 차용함.

**참菊 : 우리 식물에는 '개' '참' '애기' 등으로 그 쓰임과 모양에 따라 접두어로 구별하여 부르는 이름이 많다. 참菊은 식용과 약용으로 두루 쓰이는 여러해살이풀인 국화과의 감국(甘菊)이지만 주암상수원 일대에서 참菊을 재배하고 있는 이승렬(1963~) 씨가 진선미(眞善美)를 추구하고 분별한다는 의미로써 공식적인 명명식(命名式)을 가진 바 있다.

***시애틀 추장의 연설문에서 인용함.

철새는 날아가고

저기 날아가는 새의 이름이 뭐냐고 물었다
기러기인가? 가창오리인가? 되물었다
시인이 그것도 모르냐, 핀잔만 들었다
새가 날아온 쪽을 바라본다 도감을 찾아봐야겠다
참 까무룩하군, 중얼거리는 저녁 하늘로
그새 겨울이 지나간다 북쪽을 돌아본다
엊그제는 그 편에서 날아왔을 텐데,
담장을 고쳐야 한다는 말을 들었다
새들이 앉았다가 날아간 것뿐인데
발톱 자국처럼 꼭 그만큼만 허물어졌다
저런 허울 몇 개가 있어 다행이다
도감에도 안 나오면 어떡할 거냐고 물었다
도감(圖鑑) 밖으로 철새는 날아가고
젠장! 왜 다들 이름들이 필요한가, 투덜거리면서
황토 한 줌에 시멘트를 발라
저 허울 위에 한 허울을 또 얹는다
봄엔 호박 넌출의 느린 걸음에
담장이 허물어져도 좋겠다는 생각도 한다

손자국에게도 누가 이름을 붙여버리면 어쩌나,
소심하게도 걱정 아닌 걱정을 한다

풍란의 낡은 구두

— 本草에게

가죽 냄새가 나는 풍란을 얻었다

닳고 닳은 뒤축이다

오랜 버릇인지 서성거린다 저 향낭은, 초원의 아지랑이까지 생생하다

새로 얻은 창을 개괄해보려는 듯 며칠 동안 끙끙 앓는 것 같더니 개똥철학 일편을 얻어 마알간 얼굴에 샛길이 여럿이다

길항으로 또 며칠이 흘렀다

중세를 거슬러 백악기로 가는 걸음이다 삭정 부러져 내린 책꽂이 위에 발자국이 여럿이다 이빨 자국이 선명하다 잔소리를 들은 게

역력하다

꽃은 졌으나 닳고 닳은 얼룩이 향기를 얻어 저 창을 부수고 뛰쳐나갈 듯하다

다산에게 초당은 없다

바람도 들면
숨이 멎을
숲이네

기슭의 들숨 날숨
얼마나 견디는지 보자는 듯
가냘픈 햇빛 한 줄

버릴수록 채워질 뿐인
길을 잃지 않고선 갈 수 없는
길을
햇빛 한 줄기로 떠난
자미(紫薇)의
무심에 중독된
평생

저 초록 주소지

그대 편지를 읽다가 드는
잠
해안선을 읽다가 깨는
잠

무심청청의 집,

이 골짜기에선
길을 잃은 후에야 보이는
집이 있네

삼시세때

바람 없는 그런 말 하나 덩그러니
평생을 살아야 할 말
밥만 먹고 살아야 하나? 따질 수도 없는 말
예절로 교육된 격조 높은 식탁에서
먹는 것을 좋아하면 不淨에 빠진다고 경고하는
금기된 야생
지루한 음식들
오오 끔찍한 설교들이여,
비유하는 모든 불경스러움에 대해
어깨를 토닥거리며 한눈팔지 말고
새겨들으라던 말
천지신명께서 보살피실 것이니
잘 모셔야 한다는 말
하루가 감쪽같으니 신신당부해서 새겨두는 말
움직일 수 없는 것을 잡아먹고 이빨 없는 것을 잡아먹고
손이 없는 것을 잡아먹고, 겁에 질린 것을 잡아먹고……*
세상 어딘가에 대책 없이 걸려서
지친 사냥꾼들이 돌아오고 안개 흐르고

가로등이 켜지는 말
눈 뜨고 감게 하는 오늘도 무사한 말
통속적이지만 엄연해서 저항할 수 없는 말
이웃의 생간을 노리는 말
누이의 음부를 풍자하는 말
권위를 지키기 위해 도둑이 되어가는 논문들
수없이 되뇌어도 물리지 않는 고유명사들
더 이상 방관할 수 없어서 전쟁 불사를 외치는 말
떠돌이 낙타들에게 엄히 사용 금지된 말,

기교는 핵무기처럼 눈부시다

---

*레비스트로스의 『야생의 사고』에서.

찔레

얼떨결에 무더기 꽃 무덤 앞에 발을 멈췄어요

*

아버지는 사리돈* 스물여덟 알을 삼키고서야 가쁜 숨을 멎고 희미한 눈을 들어 길 건너를 보셨는데 그 눈은 늘 멀기만 해서 너무 멀기만 해서…… 징헌 것이다……

*

그 가시내의 빤스는 너무나도 하얘서 찔레 덤불처럼 숨어들고 싶었지만 팔뚝에 생채기만 긁어 놓았어요 침을 발라도 핏자국은 더 붉기만 해서,

꽃을 묶어 가시내 집 창에다 걸어주었어요 가시내는 창을 열고 멀리 에둘러 보는데 꼭꼭 숨어 쿵쿵거리는 가슴으로 훔쳐보는데, 강물아, 누군가의 이름을 불렀어요 잠이 들었고 독한 향기에 눈을 뜬,

*

슬픔을 알 만한 나이에 꽃향기에 취해 가던 길을 다 가지 못하고 철딱서니 없이 앉았어요

*

그대를 사랑한다는 건
오래된 책갈피에서
압화된 표정을 읽어버리는 슬픔이에요

보건당약방에서 사리돈을 받아서 고개를 넘는데 노을은 붉어서 한참이나 붉기만 해서 쳐다보고 가고 앉았다가 가고
알약 하나를 꺼내서 삼켜보고는 자꾸만 울음이 났어요
왜 우느냐고 묻는 아저씨 농짝에 내가 시럽게 울었는데

그만 뚝,

*

그 집 창문은 내내 불을 밝히지 않았어요
다시 불이 켜진 것은 시인의 어둠을 사모하기 시작한 때,

*

하얘서 너무 하얘서
한 잎 따 먹었어요 울음을 이해해줄
가시덤불,
모두 어디론가 건너가고 없는
강 언덕, 찔레 덤불에 숨어들어
팔뚝의 붉은 생채기에 침을 발랐어요

어쩌겠어요
차마 가시덤불이겠지요

---

*사리돈 : 진통제 약품명.

영산강 삼백오십 리

어느 날갯죽지를 찢던 산길이었고 뒷동산이었던 거리
호랑이 발톱과 여우 울음이 각축하며 별점을 치던 거리
내가 태어나기 이전부터 그늘의 진법이 펼쳐졌던 거리
알사탕과 풀빵 맛을 알고부터 지나다녔던 거리
일 원에 열 개를 주다가 십 원에 한 개 하던 거리
화교들 포목점을 들여다보며 매콤한 비린내를 쪽쪽 빨아먹던 거리
큰 칼이 걸려 있던 중국집에서 짜장면을 먹고 무협 영화처럼 입으로 장풍을 날리던 거리
이따금 배가 들어오면 부우부우, 애끓는 소리에 먼 여행을 다녀오던 거리

불 꺼진 등대…… 세상 모든 길은 모였다가 흩어지는데

갈매기집 작부들, 흐린 무미동은 강 건너 아스라이 보이던 거리
잉어집에서 시커먼 욕지기를 퍼붓던 막술에 취한 건달들의 거리

보퉁이나 가방을 메고 지고 떠나고 돌아오던 거리
청춘은 맨주먹을 휘날리며 쓰레기통을 걷어차던 거리
지금은 배가 들어오지 않고 지릿지릿 매콤한 홍어 내로 쿨렁거리는 거리
나무가 살지 않고 청춘이 살지 않고 욕바가지를 퍼부어 줄 할매가 없는 거리
평당 가격만 남아서 씨부렁거리는 거리

한때의 질주는 흘러가고 나는 또 걷는데

등대 저 홀로 나트륨燈 밝혀놓고 꼬막잠을 새는 선창 거리
기차가 돌아오지 않는 구름다리 건너
개山으로 몰려왔다가 호오이– 호오이– 부르면서
그늘 없는 강마을을 떠메고 가는 붉은 노을,
물살을 잃은 갈매기울음은 아직도 휘둥거리는데
호랑이 네발 어헝어헝 질척거리며 또 걸어가는 거리
새벽 기차를 기다리지 말라고 잠꼬대하는 거리

그러면 또 언제 기별이나 주실는지

손 놓친 사람처럼 바닷길 막혀 썩어 문드러진 기별에다
종이배라도 띄울 건지

옛 친구 늙은 기타는 아직도 멀고도 먼 푸른 너울인지

그러면 또 어쩌시는지

내성적인

친구에게 백만 원 빌리고서 못 갚았다
평생 먹은 밥과 뛰어놀던 골목길과
발돋움하고 타고 내리던 전봇대와
쉴 새 없이 울음소리를 전송하던 전선들 아래
제비 날아 창천이던 것을 돌려주지 못했다
연 꼬리처럼 허공을…… 살살…… 흘러간 시간 동안
내가 보아온 구름, 손을 씻어 쏟아버렸던 물의 총량이
가늠이 안 된다

꽃병에 꽂아도 꽃이 아니고
벽에 걸어 향기를 얻을 수도 없는
영원한 우정, 변치 말자던 소년이 안 보인다
백지에다가 백만 원, 하고 썼다가 박박 긁어버린다
수표가 될 수 없는 문법으로 미안하다고 문자 메시지를 보내면서
손가락 꾹꾹 누르면서

지금껏 나랑 놀아준 허공은 왜 환전(換錢)이 안 되는가,

백만 원어치도 안 되는 강물소리를 듣다가
바람소리를 듣다가 저녁이던 것이
깜박, 내일이 되고 계절이 되고
이런 것들이 환전이 안 되어도
가만히 맺히는 듯이
보이는 듯이

코딱지꽃

나무 막대기가 노인을 모시고
고샅을 내려간다

소년은 뒷동산을 치달렸고
징용 청년은 기타큐슈의 폭탄 사이를 내달렸고
시궁창에 엎드려 일본 놈도 보고 미국 놈도 보고
전쟁통엔 칡뿌리를 붙잡고
소총을 끌며 강을 건너던,
아슬아슬한

봄날,
하마터면 다시는 못 볼 뻔했다고
바람이 와서 눈꺼풀을 들여다보고
코딱지꽃이 발등에다가 볼을 부빈다
노인은 귀찮다고 훠이, 지팡이를 내두르는데
연치(年治) 여든일곱의 꽃빛인데

이만치 와 봐,

누군가를 부르고 싶은 듯이 돌아서서
땅에다가 나무 막대기를 꼭꼭 찍으며
이만치 와 봐,
이만치 와서 굽어보는 것을
아는지 모르는지

나무 막대기가 노인을 재촉해
고샅을 내려간다

봉창 너머 바람소리

딸깍할매 귀 쫑긋거려본디
영 무섭더란 것이여
작년 세한에 죽었다는 영감이
뭣헌가, 밥 묵잔게 시방,
불러쌌는 것이 영 걸리는 것이여
테레비를 켜고 연속극을 보는디
저 인생들은 뭔 복을 타고 났을까
이 해골바가지 분 처발라본 것이
언제 적이던가, 언제 적이년가
눈앞이 깜깜해져선 봉창을 벌컥 열어젖히고
뻐꾹어, 뻐꾹어어! 그만 울거라이 제발,
전깃불 다 끄고 멀거니 앉았는디
영락없이 그 영감탱이가 사뿐사뿐
오더라는 것이여 곁에 앉더라는 것이여
그렇게 꼬박 삼천갑자를 살았네 그려,
나하고 임자하고 앵겨붙어 산 것이
꼬박 그리 되었네 그려,
그렇게 울지 마소, 울지 마소이

그러면서 가더라는 것이여
딸깍할매, 어이없고 기가 차서
저 영감탱이 하는 말 좀 들어보소
나 혼자 시진지진 내버리고 간 양반
고작 한다는 말이 울지 마소 울지 마소,
내 오만 신간이 다 오그라 붙었는디
저 영감탱이가, 오메 염병헐 저 영감탱이가
봉창 닫고 이불을 둘러쓰는 것이었는디,

앙암바위*

부딪쳐서 깨어지는 물거품만 남기고**
간 배호를 무진장 좋아했던 남자가 있었네
땅끝이었고 평원을 바라보고 있었네
자지러지는 물살은 오래전의 잔소리
강물은 뒤척이고 노랫소리는 아득해져서
가버린 그 사람을 못 잊어 웁니다**
나직나직 속삭이는 걸 듣고 있었네
젓을 꺼내 물려주고 싶었네
어여 먹어, 젖꼭지를 물려주고선
아랑사와 아비사의 전설을 들려주네
파도는 영원한데 그런 사랑을**
들려준다는 건 슬픈 일이야,
바위를 그리워하는 바위라니!
앙암에서 허공을 살았다고 해야 하네
신파를 살았다고 해야 하네
바위는 한 번도 추락하지 않는데 울음처럼
떨어져 내리는 바위에 걸터앉아
맺을 수도 있으련만 밀리는 파도처럼**

썩지 않는 초록 바다를 평생 헤엄쳐 살다가 간
배호를 무진장 사랑한 남자가 있었네
뽕짝의 등대에 불빛이 켜지고 세상을 빠져나간 길은
구렁이 등처럼 굽이굽이인데 바위를 그리워하다가
능라를 살다가 등 떠밀어 전설이 된
내 사랑도 부서지고 파도만이 울고 가네**

---

*앙암(仰巖)바위 : 전남 영산포에 소재한 바위 이름. 아랑사와 아비사의 슬픈 사랑 이야기가 전해진다.

**배호의 노래 〈파도〉의 노랫말.

두 줄기 강물

江은 홀로 흐르지 않는다
한 줄기가 한 흐름의 손을 잡고서
강은 멀리멀리 흐른다 아들江은
웃는 얼굴이 천형(天刑)이다
어미江이 한사코 다그친다
광장을 거리를 가로지른다
흐르는 것만으로도 숨이 벅차다
마비된 아들江의 서툰 물줄기를 움켜잡고
악다구니들을 지나쳐 흐른다
흘러간다는 것,
기필코 가 닿아야 할 여행이란 어디에도 없다
이 세상을 살고 싶어서 사는 인간 없다고
잔뜩 쭈그러진 얼굴, 철없이 출렁출렁
너풀거리는 팔다리를
도무지 어찌할 수 없는 병신 새끼를
어미江은 깊은 주름을 들이밀며
광장을 거스른다
거리의 모든 신호등을 죽인다

순간,

으르렁거리는 경적들 달려든다

콱 물어뜯어보지만

저 물살은

진창의 권력보다 세다

전자계산기보다 정확하다

거침없는 저 살붙이들 때문에 어미는 평생

축축한 채 살았다고

세상 모든 불구(不具)와 더불어 멀리멀리 흐른다

江이 웃는다

모래톱에 갇힌 江이 배꼽을 잡고 웃는다
한바탕 요절복통을 하며 뒹군다
여기저기 옆구리며 사타구니까지 긁어대는
포클레인, 무지막지한 장난꾸러기가
江의 성감대를 뒤흔들어 놓는다
헐떡거리다가
도망치려고 발버둥 치다가
마침내 숨넘어가게 웃음을 참지 못하고 그만,
까무러치면 어쩌니, 저러다가
앞산 뒷산까지 고꾸라지면 어쩌나
江의 멱살을 잡아
패대기치듯이 간지럼을 태우는
조직적인 기생충들, 무뢰배 같은 알레르기에
기진맥진한 저 여울,
윗마을 아래뜸 육자배기 농울 쳐 흐르던
풀숲의 반디같이, 쓰르라미같이,
그놈 그 가시나같이
물결이 한 물길을 대어보려고

모래톱에 자꾸만 이랑이랑 출렁대보는데
피가 터지고 뼈가 부러지도록
겨드랑이며 발바닥 목울대까지 간질간질,
삼천갑자 동방삭을 죽이고
조약돌은 허옇게 배를 뒤집고
은모래 노래를 덮고
금빛 물고기의 사랑을 지우며
절벽을 뛰어오르는 江,
흐를 것인가, 전복할 것인가, 솟구칠 것인가,
결판을 내야 하는 미쳐가는 江,
더는 못 참겠다고
간지럼병에 걸려 벌떡 일어나 버리면 어쩌나 저 江,
푸드덕 날아가 버리면 어쩌나
저 江,

들창 밖 모시풀

금천댁은 저쪽, 모시 잎을 낫질하면서 우라질 푸념 한 주먹, 달뜬 호박 넝쿨 같은 땀 한 바가지여

아라 엄마는 저쪽이 보이는 들창 앞에 있어

매미소리 자지러지고 라디오에선 싱글벙글 쇼가 한창이야

그렇게 모시떡 냄새가 난 것이여, 생각해본게 울 엄마 냄새였어 오물락조물락거리는 것들이 말여 그 양반 목소리여 느닷없이 목덜미를 착 감아 당기는 것이여

무담시 생각 난 말인디 말여 울 엄마가 고쟁이다가 넣고는 주물떡주물떡 한 것이 뭔지 알아? 모시떡이었잖어 그 시커멓게 말라붙은 떡이 말여 깡깡해도 어린 이빨로는 참 달착지근했던 그 떡이 말여 울 엄마 맛이었당게

후적후적 가는 금천댁 뒤꾹지에 달개비가 붙었는데

그걸 떼라고 일러주려고 불렀는데 금세 웃도랑을 돌아가는 거여 그 앞에 누렁이가 꼬리를 사정없이 온몸으로 흔드는 거여 아침 때 놔둔 고등어 대가리를 던져주자 그

걸 물고 총총 사라지는데
싱글벙글 쇼는 한참 누군가의 사연을 들려주는 거여

아라 엄마는 들창 밖으로 코를 벌큼벌큼 내밀었어
그리다 문득 라디오를 끄고 들창을 닫고는 오후 내내 안 보이는 거여
모시풀 베고 난 자리가 참 고요했거든
해가 참 뜨거운 한낮이었어

거꾸로 읽어야 한다

現代詩集은 닳고 닳은 문지방이다
힘없이 끌려다닌 뒷덜미들, 사정없이 패대기치는
인내는 자취가 없다 초신성의 단말마일수록
뒤꿈치가 들려 있게 마련이어서
거꾸로 읽어야 한다

나는 번번이 뒤표지의 눅은 그림자를 놓치지만
새로운 기획과 검토를 위한 심의를 거친
비듬처럼 흩이저 날리는 現代詩法들,
나무가 묵필을 치는 벌판으로부터
전위를 운운하는 두더지의 활개지로부터
예언자들은 물구나무서야 한다
옹알이를 반성해야 한다
주어를 선동한 버르장머리를 고쳐야 한다
동사에 악센트를, 목적어에 근사함을
다시 고양해야 한다 착근되지 않는 술어들
낭만과 치기, 광기조차 없는 이념들
과자 부스러기처럼 안개를 시늉하는

절대 권력을 오독하지 말자
절대 출판을 오해하지 말자
절대 아류를 난독하지 말자
절대 처세를 난해하다 말자

뒷방이었으며 뒷골목이었던 척후의
소용돌이는 그러나 배후가 없는 법,

전복보다는 역설로 가능한 위로와 구원은
결구(結句)부터 시작된 기구(起句)들의 뻔뻔함을 덮고
거꾸로 읽어야 완성된다

새들의 시간

— 소설가 승지행 선생 訃音을 듣는 봄날

유세차(維歲次) 태양은 떠올랐다
나는 또 눈을 뜨고 사랑에 빠진다.
그러나 내가 사랑한 것은 이 세상에 없는 침묵이었구나.
바위를 설득하려는 걸 보면
오늘은 좀 더 먼 여행을 다녀오겠다
향촉(香燭)이라 이제 귀를 닫고 입을 닫고
나를 닫고 너를 닫고 나뭇잎이 새로 돋는 봄날에
내가 나 아니면서 평생을 살다간 사람이 묻는다
—초록이 오는 길을 모르고
—그늘 사라진 길을 모르고
나는 순정을 탕진하며 살았구나
동정(童貞)의 하늘에도 간혹 발소리가 들려
문득 새가 날아오길 기다리면서
문득 말 걸고 싶던 시인에게
훨훨 날아가고 싶을 때
움이 트는 길목에서 나는 아직도 묻는다
저 숲이 우거지고 거기 하늘을 날아오르고픈 영혼의
순간에는 가볍게 더 가볍게 날아오르기 위해

보지도 마라 듣지도 마라 말도 마라,
다만 몸짓이며 눈짓이며 설렘으로
조용한 숲길을 가만히 지나가는 것,
나뭇가지 하나가 마당에 그늘을 드리울 때
씨릉찌릉 풍경(風磬)을 울리고 가는
자전거가 지나간다 길을 비켜라
구천구지(九天九地)에 태양은 떠오르고 상향(尙饗)이라
자전거가 날아가는 지금쯤 어느 측은함으로
누군가는 감나무 아래 앉아 있을 것이니
손을 내밀면 이파리 하나 내리는 길이다

어떤 하루는

— 癸巳年, 기표를 비껴가다

아무 일도 하지 말자 더러 영롱한
아침 이슬을 마주친 일도 바퀴 자국 난분분한
황토길 따라 걷다가 한 뼘 그늘에다가
한 짐을 부려놓듯 아무 짓도 하지 말자
허공 보따리를 풀피리로 들었다 놓으면
옷 한 벌도 남지 않을 너와 나
저 별과 달은 몇 걸음이나 될까,
젖먹이의 엄마를 그것들을 기억한다면
다시 똥을 집어 먹으며 옹알이를 하면서
아무 꿈도 꾸지 말자 거꾸로 가는
별들아 걸어온 길들이 모두 엉켜버리고
모래 가득한 밥그릇을 두고 촛불을
밝혔어도 이제는 한 얼굴을 보았다고
말하지 말자 아무것도 아닌
불덩어리를 색깔 없는 모양으로 남겨둔 채
아무것도 하지 말자 시디신 억새
흰꽃머리는 너무 외롭고 긍휼한 나는
모셔 경배하리니 날마다 절하여

한 겹 팔뚝은 나뭇등걸에 두고 실오라기는
또 재촉할 것이지만 어떤 구름에게도
말 건네지 말자 손 닿지 않은 저 우연한
마음의 향기는 푸르게 푸르게 번져라
그리하여 부지불식의 노숙 찬 뜨락은
한 시절의 비탈일 것이니 하늘 바위를
물방울소리로 건너는 어떤 하루에는,

梅蘭菊竹을 치다

가난을 무릉(武陵)이라 바꿨습니다
한 살림 조촐하여 홀로 차를 마시지만
잘 놀고 있습니다
어찌 사느냐, 상투적으로 물으시니
竹을 친 창에다가 햇살을 불러놓고
밥도 먹고 간혹은 흙도 요리해 먹고
잠을 자다가
서푼 짜리 詩를 차압당해도
잘 놀고 있습니다
봄엔 매화 한 그루 심었습니다
梅竹이 한결 명백해졌으므로
여전히 혼자 잘 놀 것입니다
어머니도 잊고 친구도 잊고 후레자식 같은
봄 가고 여름 가고 비 그치고
쟁명한 뜰에 黃菊 盆을 두었으나
풍경이 자주 기울어져
露根蘭 한 촉 쳤습니다
좀 헐겁지만

이제는 깨벗고 놀 만합니다
무릉할 만합니다

自序

詩 한 줄 쓰지 않은 시인이
시집의 자서를 먼저 쓴다
오늘도 시장통을 걷는다
골목을 걷는다 사소하다
단 한 줄이면 족하다
배가 고프면 노래를 부른다
완창을 해본 적 없어도
명창이 되었다 유래 없는 사전만을
백과의 뒷골목을 뒤신다 배꼽을 뒤진다
까맣게 결정(結晶)된 사유를
상징과 은유를 버려야 한다
마음에 안 든다는 듯
눈살을 찌푸린다 전복적 표현이다
상상력이다 시 한 줄 쓰지 않은 시인이
바람을 걷는다 담쟁이넝쿨을 걷는다
된장찌개 냄새를 걷는다
비누 거품을 걷는다
온 몸이 비유적 언어인 시인은

단 한 줄의 언어도단을 꿈꾸지만
오늘도 탈고가 안 된다
서성거리는 일이 직업이다

겨울 하늘에 띄우는 눈짓

출렁인다는 말은 몸이 마음을 얻는다는 거다

겨울 강에 손을 담가본 이라면 알 것이다

철새들은 출렁이는 몸이라야 무사히 겨울 하늘을 건너오는 것이다 강물 한 모금 마시고서야

저벅저벅 밟고 차고 나른다 겨울 하늘은 장엄한 꽃길,

마음을 얻어 강물은 첫 발자국 찍으려 청동의 겨울 하늘에 흐른다

어디 한번 굽이쳐보아라, 사랑은 출렁이는 거다

이 도서의 국립중앙도서관 출판시도서목록(CIP)은 서지정보유통지원시스템 홈페이지(http://seoji.nl.go.kr)와 국가자료공동목록시스템(http://www.nl.go.kr/kolisnet)에서 이용하실 수 있습니다.(CIP제어번호: CIP2013019021)

문학의전당 시인선 164

숲으로 돌아가는 마네킹

초판 1쇄 인쇄 2013년 10월 1일
초판 1쇄 발행 2013년 10월 8일
지은이 조용환
펴낸이 김석봉
책임편집 이현호
디자인 조동욱
펴낸곳 문학의전당
출판등록 제311-2012-000043호
주소 서울시 은평구 연서로11길 7-5 401호
편집실 서울시 마포구 공덕2동 404 풍림VIP빌딩 413호
전화 02-852-1977
팩스 02-852-1978
블로그 http://blog.naver.com/mhjd2003
전자우편 sbpoem@naver.com

ISBN 978-89-98096-45-8 03810

* 이 시집은 〈2012 아르코 문학창작기금〉을 받아 제작되었습니다.

한국문화예술위원회